Impressum
Verlag: BABADADA GmbH, Nedderfeld 112 , 22529 Hamburg
Geschäftsführer / Verlagsleitung: Harald Hof
Druck: Books on Demand GmbH, In de Tarpen 42, 22848 Norderstedt

Imprint
Publisher: BABADADA GmbH, Nedderfeld 112 , 22529 Hamburg, Germany
Managing Director / Publishing direction: Harald Hof
Print: Books on Demand GmbH, In de Tarpen 42, 22848 Norderstedt

HF175749

# school
# school

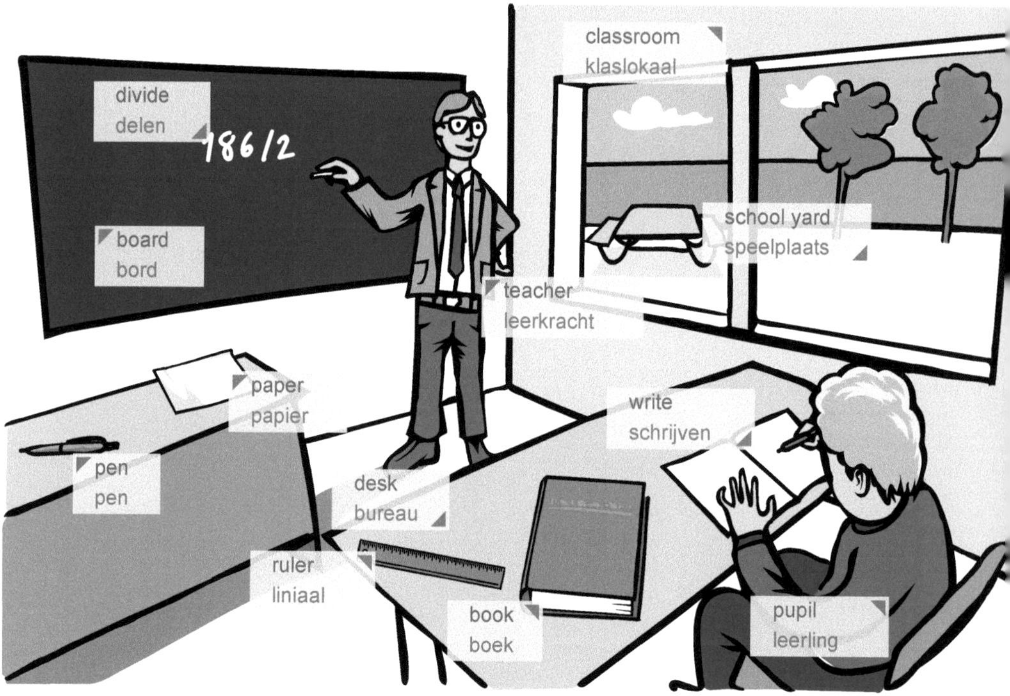

classroom
klaslokaal
divide
delen
186/2
board
bord
school yard
speelplaats
teacher
leerkracht
paper
papier
write
schrijven
pen
pen
desk
bureau
ruler
liniaal
book
boek
pupil
leerling


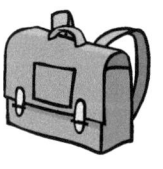

satchel
schooltas

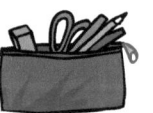

pencil case
pennenzak

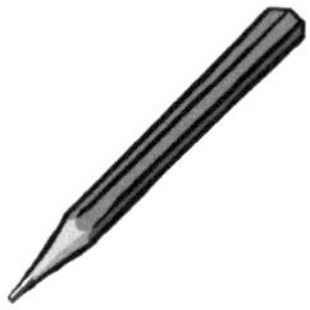

pencil
potlood

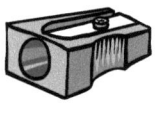

pencil sharpener
puntenslijper

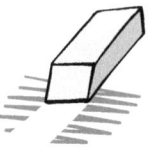

rubber
gom

drawing pad
tekenblok

drawing

tekening

paintbrush

verfborstel

paint box

verfdoos

scissors

schaar

glue

lijm

exercise book

werkboek

homework

huiswerk

number

nummer

add

optellen

subtract

aftrekken

multiply

vermenigvuldigen

calculate

rekenen

letter

letter

alphabet

alfabet

word

woord

text
tekst

read
Lezen

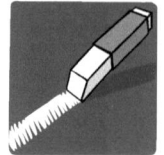

chalk
krijt

lesson
les

register
klassenboek

exam
examen

certificate
certificaat

school uniform
schooluniform

education
onderwijs

encyclopedia
encyclopedie

university
universiteit

microscope
microscoop

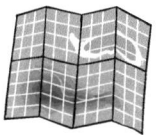

map
kaart

paper bin
papiermand

# travel
# reis

hotel
hotel
Grand
hostel
jeugdherberg
ROOMS
bureau de change
wisselkantoor
CHANGE
suitcase
koffer
car
auto


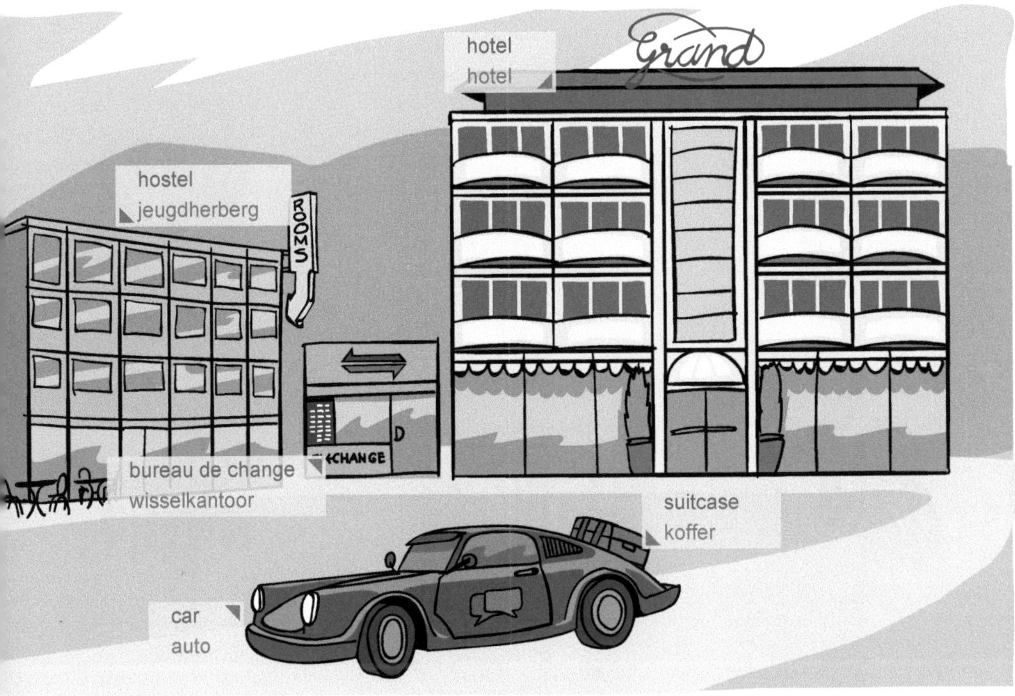

language
Taal

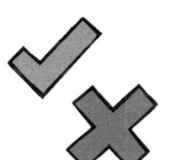

yes / no
ja / nee

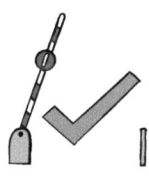

Okay
oké

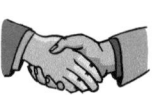

hello
hallo

translator
vertaler

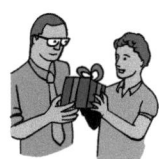

Thank you
bedankt

how much does ... cost?

Hoeveel kost ...?

I do not understand

Ik begrijp het niet

problem

probleem

Good evening!

Goedenavond!

Good morning!

Goedemorgen!

Good night!

Goedenavond!

bye bye

Tot ziens

direction

richting

luggage

bagage

bag

zak

backpack

rugzak

guest

gast

room

kamer

sleeping bag

slaapzak

tent

tent

tourist information

toeristeninformatie

beach

strand

credit card

kredietkaart

breakfast

ontbijt

lunch

lunch

dinner

avondeten

ticket

ticket

lift

lift

stamp

postzegel

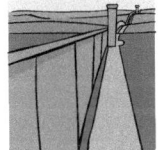

border

grens

customs

douane

embassy

ambassade

visa

visum

passport

paspoort

# transport
# transport

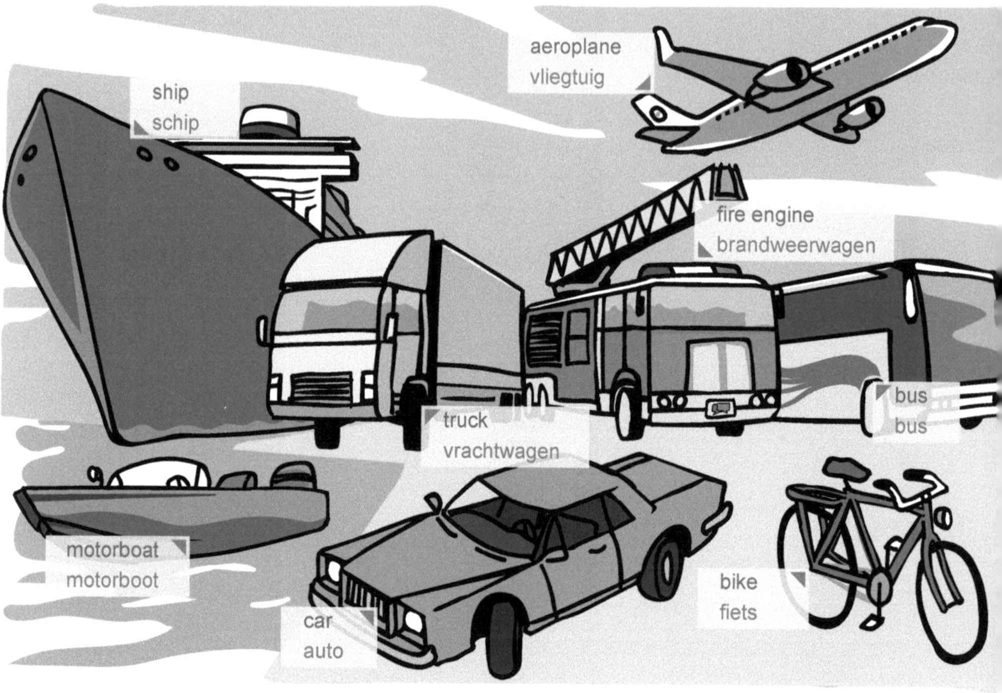
aeroplane
vliegtuig
ship
schip
fire engine
brandweerwagen
bus
bus
truck
vrachtwagen
motorboat
motorboot
bike
fiets
car
auto

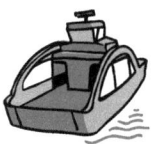

ferry

veerboot

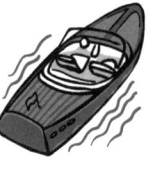

boat

boot

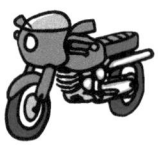

motorbike

motor

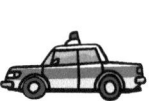

police car

politiewagen

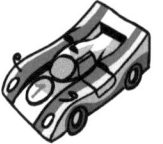

racing car

racewagen

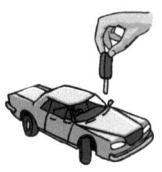

rental car

huurauto

car sharing

carpoolen

breakdown truck

sleepwagen

refuse truck

vuilniswagen

motor

motor

fuel

benzine

petrol station

benzinestation

traffic sign

verkeersbord

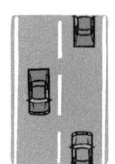

traffic

verkeer

traffic jam

file

car park

parkeerplaats

train station

station

tracks

sporen

train

trein

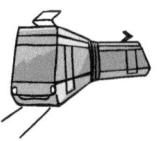

tram

tram

carriage

wagon

helicopter

helikopter

airport

luchthaven

tower

toren

passenger

passagier

container

container

carton

karton

cart

kar

basket

mand

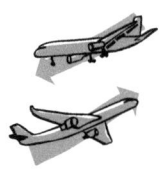

take off / land

opstijgen / landen

# city

## stad

village

dorp

city centre

stadscentrum

house

huis

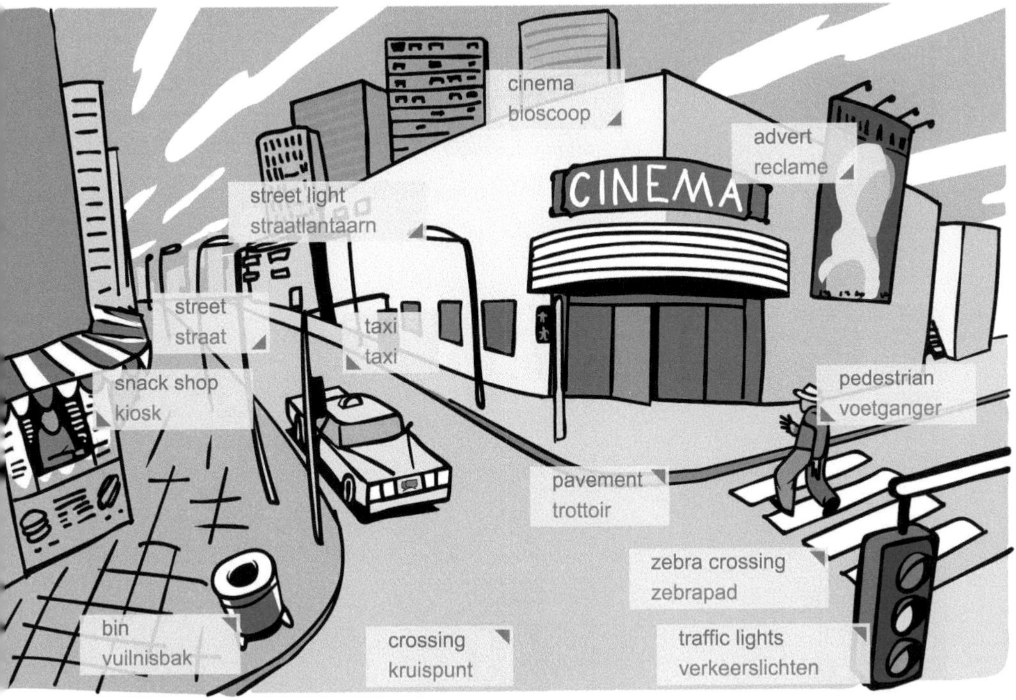
cinema
bioscoop
advert
reclame
CINEMA
street light
straatlantaarn
street
straat
taxi
taxi
snack shop
kiosk
pedestrian
voetganger
pavement
trottoir
zebra crossing
zebrapad
bin
vuilnisbak
crossing
kruispunt
traffic lights
verkeerslichten

hut

hut

flat

woning

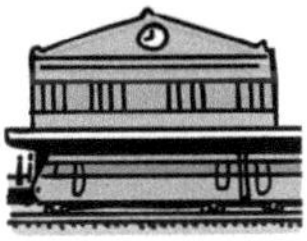

train station

station

town hall

stadshuis

MUSEUM

museum

museum

school

school

university

universiteit

bank

bank

hospital

ziekenhuis

hotel

hotel

pharmacy

apotheek

office

kantoor

book shop

boekwinkel

shop

winkel

florist's

bloemenwinkel

supermarket

supermarkt

market

markt

department store

warenhuis

fishmonger's

vishandelaar

shopping centre

winkelcentrum

harbour

haven

city - stad

park
park

bench
bank

bridge
brug

stairs
trap

underground
metro

tunnel
tunnel

bus stop
bushalte

bar
bar

restaurant
restaurant

postbox
brievenbus

road sign
straatnaambord

parking meter
parkeermeter

zoo
zoo

swimming pool
zwembad

mosque
moskee

farm

boerderij

pollution

milieuverontreiniging

graveyard

kerkhof

church

kerk

playground

speelplaats

temple

tempel

# landscape

## landschap

leaf
blad

signpost
wegwijzer

way
weg

meadow
weide

stone
steen

hiker
wandelaar

tree
boom

river
rivier

grass
gras

flower
bloem

valley
vallei

hill
heuvel

lake
meer

forest
bos

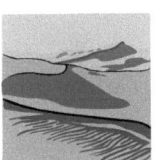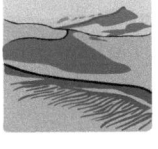

desert
woestijn

volcano
vulkaan

castle
kasteel

rainbow
regenboog

mushroom
paddenstoel

palm tree
palmboom

mosquito
mug

fly
vlieg

ant
mier

bee
bijl

spider
spin

beetle

kever

frog

kikker

squirrel

eekhoorn

hedgehog

egel

hare

haas

owl

uil

bird

vogel

swan

zwaan

boar

wild zwijn

deer

hert

moose

eland

dam

dam

wind turbine

windturbine

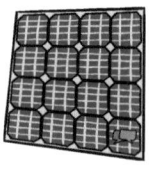

solar panel

zonnepaneel

climate

klimaat

# restaurant
# restaurant

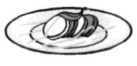

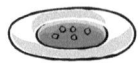

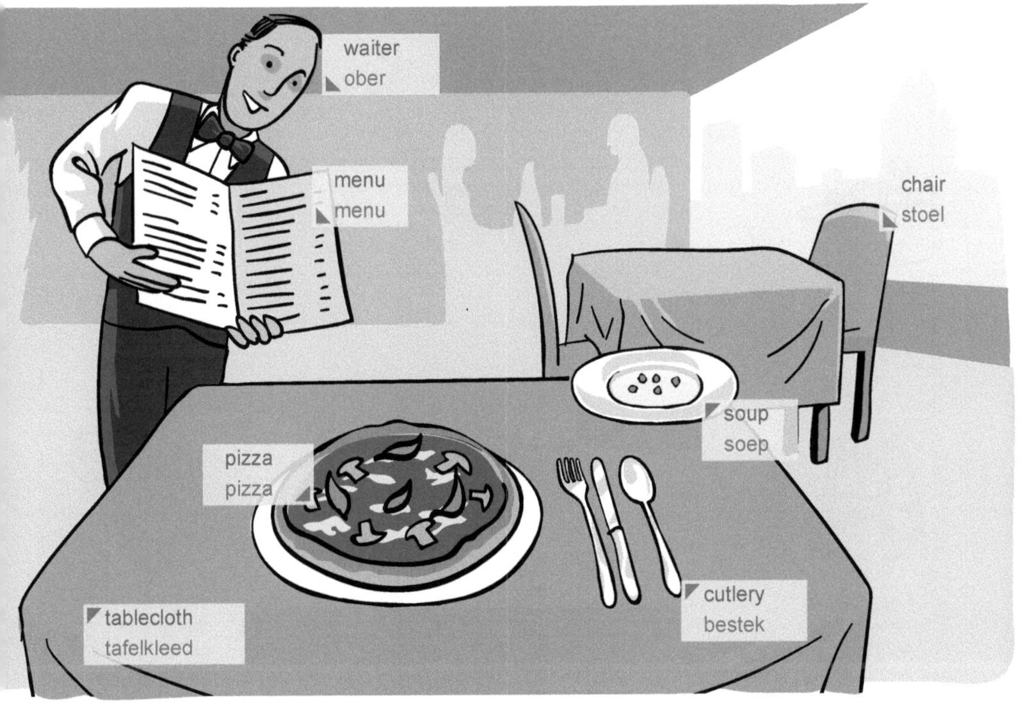
waiter
ober
menu
menu
chair
stoel
soup
soep
pizza
pizza
cutlery
bestek
tablecloth
tafelkleed

starter
voorgerecht

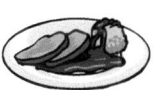

main course
hoofdgerecht

dessert
nagerecht

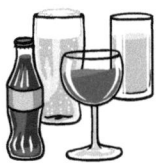

drinks
drankjes

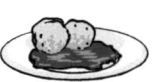

food
eten

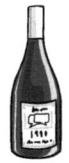

bottle
fles

fast food

fastfood

street food

street food

teapot

theepot

sugar bowl

suikerpot

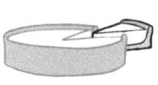

portion

portie

espresso machine

espressomachine

high chair

kinderstoel

bill

rekening

tray

dienblad

knife

mes

fork

vork

spoon

lepel

teaspoon

theelepel

serviette

serviette

glass

glas

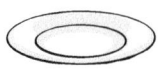

plate

bord

soup plate

soepbord

saucer

schoteltje

sauce

saus

salt cellar

zoutvatje

pepper mill

pepermolen

vinegar

azijn

oil

olie

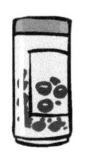

spices

kruiden

ketchup

ketchup

mustard

mosterd

mayonnaise

mayonaise

# supermarket

# supermarkt

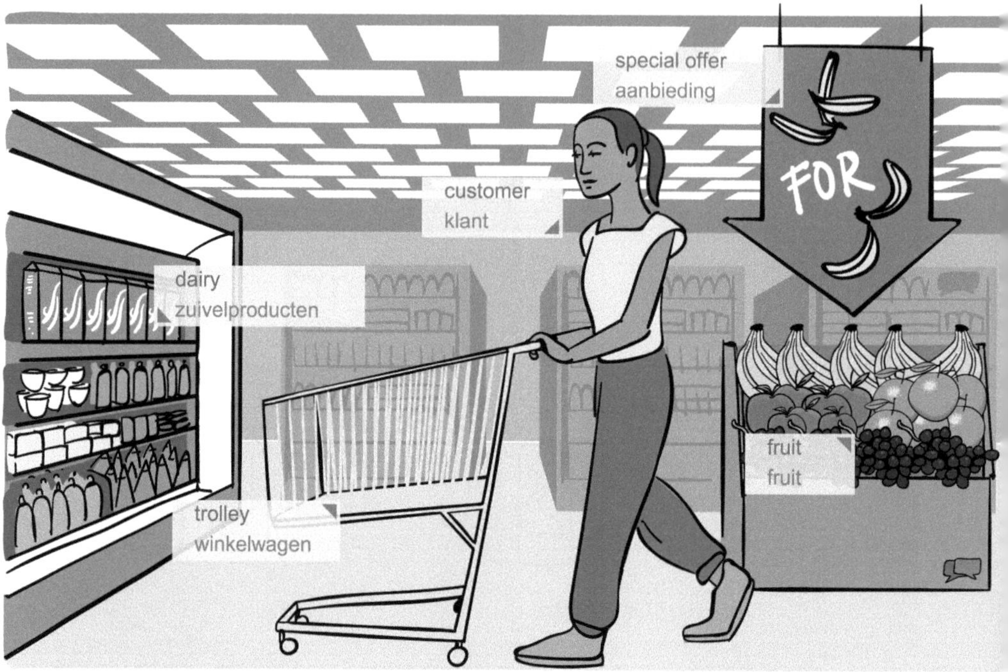

special offer
aanbieding
FOR
customer
klant
dairy
zuivelproducten
fruit
fruit
trolley
winkelwagen


BUTCHERS


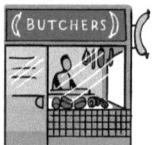

butcher´s

slagerij

BAKERY


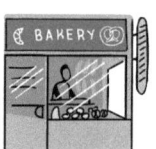

baker´s

bakkerij

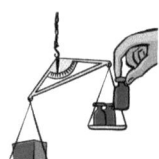

weigh

wegen

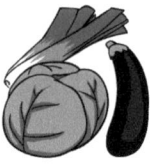

vegetables

groenten

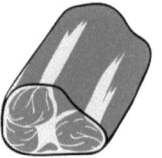

meat

vlees

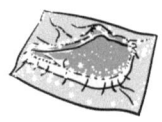

frozen food

diepvriesvoedsel

cold meat

charcuterie

tinned food

conserven

washing powder

waspoeder

sweets

snoep

household products

huishoudproducten

cleaning products

schoonmaakproducten

salesperson

verkoopster

till

kassa

cashier

kassier

shopping list

boodschappenlijstje

opening hours

openingstijden

wallet

portefeuille

credit card

kredietkaart

bag

tas

plastic bag

plastieken zakje

water

water

juice

sap

milk

melk

coke

cola

wine

wijn

beer

bier

alcohol

alcohol

cocoa

cacao

tea

thee

coffee

koffie

espresso

espresso

cappuccino

cappuccino

banana

banaan

apple

appel

orange

sinaasappel

melon

meloen

lemon

citroen

carrot

wortel

garlic

knoflook

bamboo

bamboe

onion

ajuin

mushroom

champignon

nuts

noten

noodles

noodles

spaghetti

spaghetti

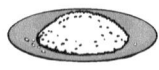

rice

rijst

salad

salade

chips

frieten

fried potatoes

gebakken aardappelen

pizza

pizza

hamburger

hamburger

sandwich

sandwich

cutlet

kalfslapje

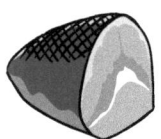

ham

ham

salami

salami

sausage

worst

chicken

kip

roast

braden

fish

vis

porridge oats

havervlokken

muesli

muesli

cornflakes

cornflakes

flour

bloem

croissant

croissant

bread roll

pistolet

bread

brood

toast

toast

biscuits

koekjes

butter

boter

curd

kwark

cake

taart

egg

ei

fried egg

spiegelei

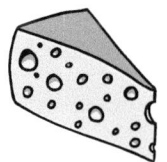

cheese

kaas

ice cream

ijs

sugar

suiker

honey

honing

jam

confituur

chocolate spread

choco

curry

curry

# farm
# boerderij

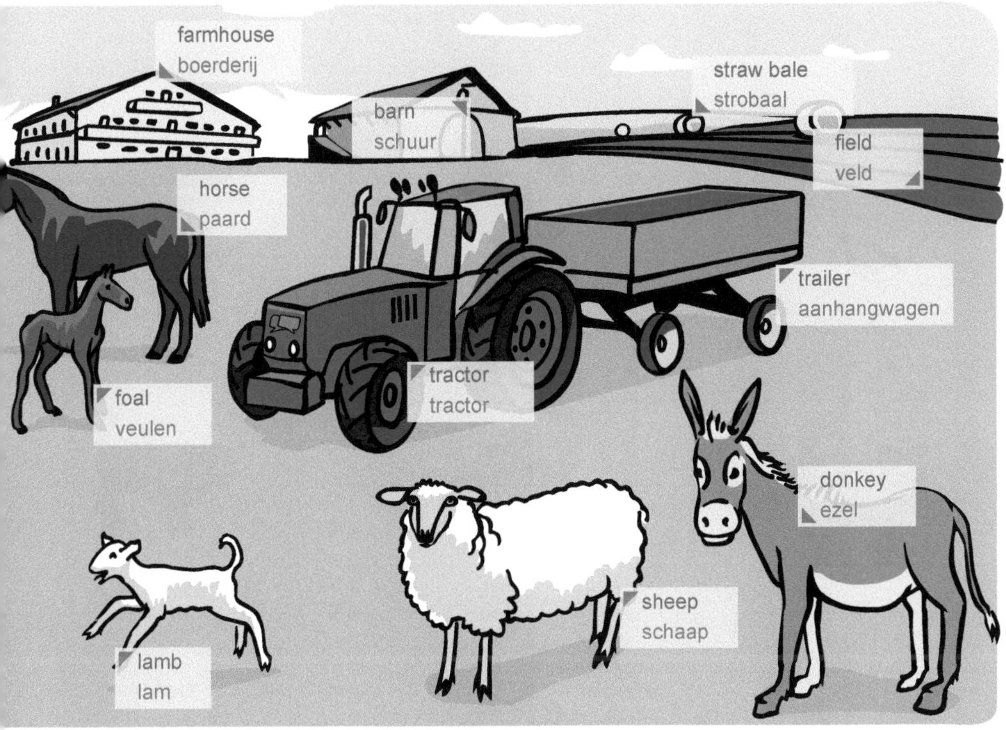

farmhouse
boerderij
barn
schuur
straw bale
strobaal
field
veld
horse
paard
trailer
aanhangwagen
foal
veulen
tractor
tractor
donkey
ezel
sheep
schaap
lamb
lam


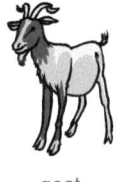

goat
geit

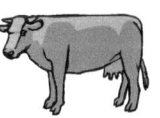

cow
koe

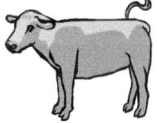

calf
kalf

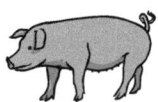

pig
varken

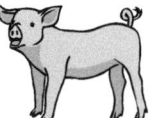

piglet
biggetje

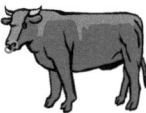

bull
stier

goose
gans

duck
eend

chick
kuiken

hen
kip

cock
haan

rat
rat

cat
kat

mouse
muis

ox
os

dog
hond

doghouse
hondenhok

garden hose
tuinslang

watering can
gieter

scythe
zeis

plough
ploeg

sickle

sikkel

hoe

schoffel

pitchfork

hooivork

axe

bijl

wheelbarrow

kruiwagen

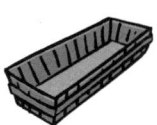

trough

trog

milk can

melkkan

sack

zak

fence

hek

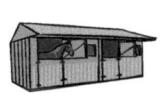

stable

stal

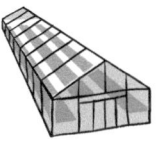

greenhouse

broeikas

soil

bodem

seed

zaad

fertilizer

mest

combine harvester

maaidorser

harvest
oogsten

harvest
oogst

yams
yam

wheat
tarwe

soy
soja

potato
aardappel

corn
maïs

rapeseed
koolzaad

fruit tree
fruitboom

cassava
maniok

cereals
graan

# house

# huis

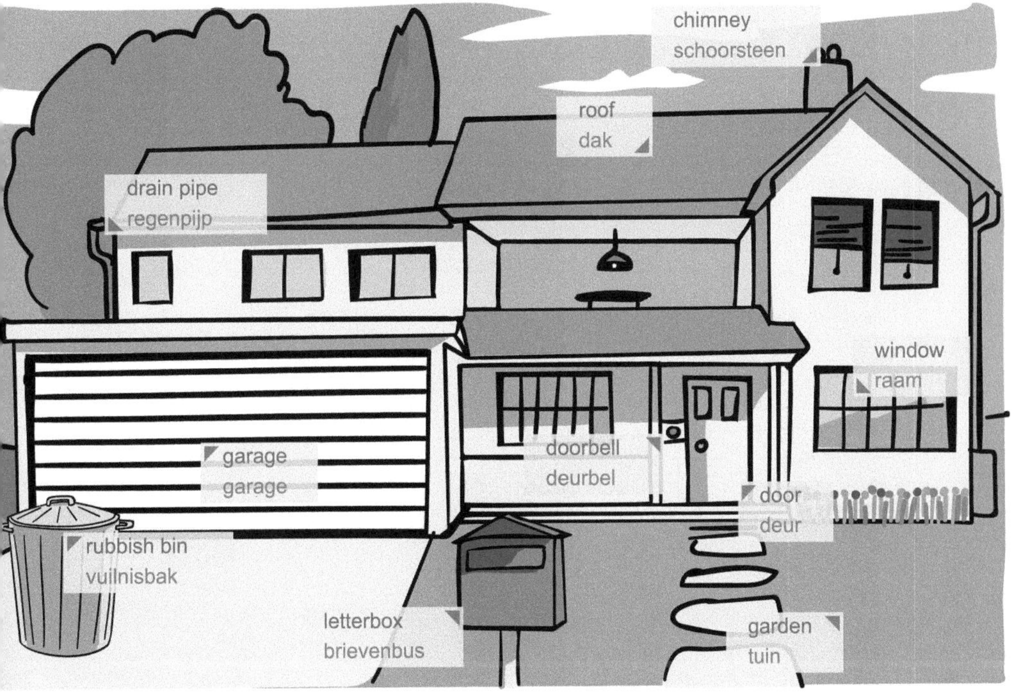
chimney
schoorsteen
roof
dak
drain pipe
regenpijp
window
raam
garage
garage
doorbell
deurbel
door
deur
rubbish bin
vuilnisbak
letterbox
brievenbus
garden
tuin

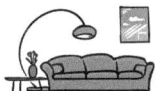

living room

woonkamer

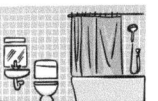

bathroom

badkamer

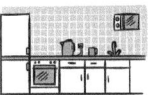

kitchen

keuken

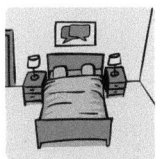

bedroom

slaapkamer

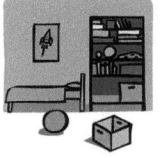

child's room

kinderkamer

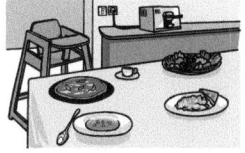

dining room

eetkamer

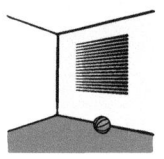

floor
.............
vloer

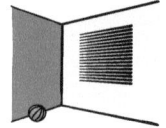

wall
.............
muur

ceiling
.............
plafond

cellar
.............
kelder

sauna
.............
sauna

balcony
.............
balkon

terrace
.............
terras

pool
.............
zwembad

lawn mower
.............
grasmaaier

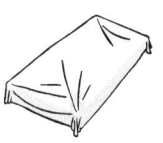

sheet
.............
dekbedovertrek

bedspread
.............
dekbed

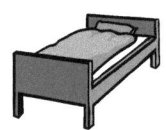

bed
.............
bed

broom
.............
bezem

bucket
.............
emmer

switch
.............
schakelaar

# living room

# woonkamer

wallpaper
behangpapier
picture
foto
lamp
lamp
shelf
schap
cupboard
kast
television
televisie
fireplace
open haard
flower
bloem
cushion
kussen
sofa
sofa
vase
vaas
remote control
afstandsbediening

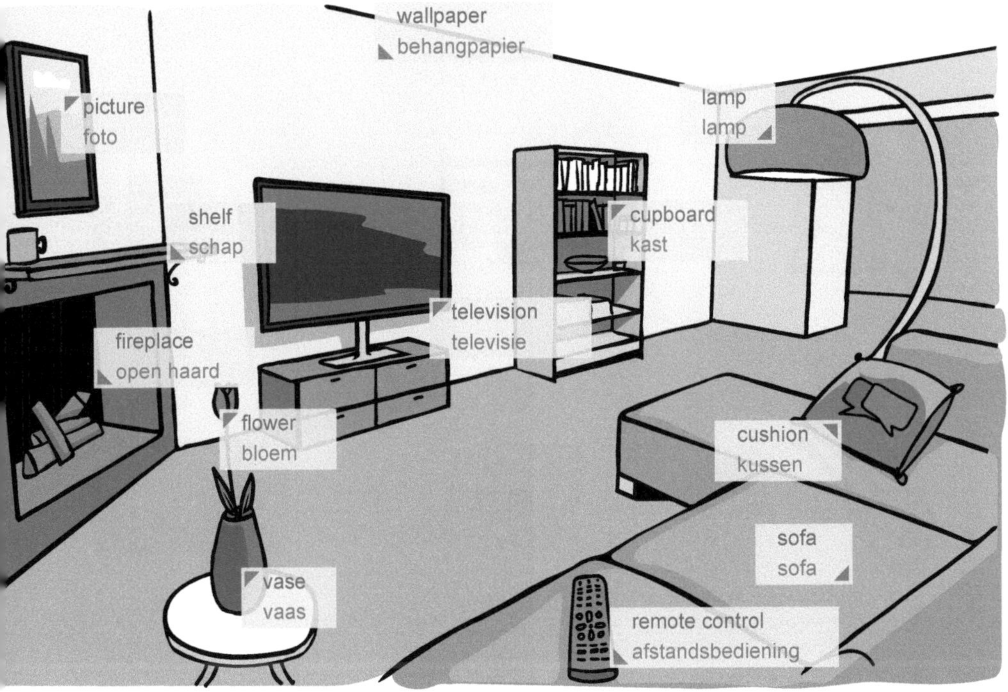

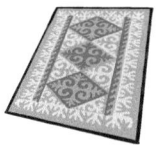

carpet

mat

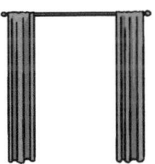

curtain

gordijn

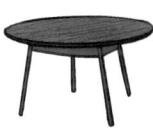

table

tafel

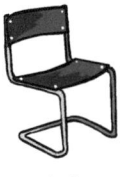

chair

stoel

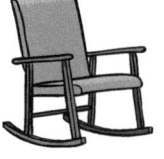

rocking chair

schommelstoel

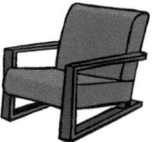

armchair

fauteuil

book
.................
boek

blanket
.................
deken

decoration
.................
decoratie

firewood
.................
brandhout

film
.................
film

hi-fi equipment
.................
stereo-installatie

key
.................
sleutel

newspaper
.................
krant

painting
.................
schilderij

poster
.................
poster

radio
.................
radio

notepad
.................
notitieboekje

hoover
.................
stofzuiger

cactus
.................
cactus

candle
.................
kaars

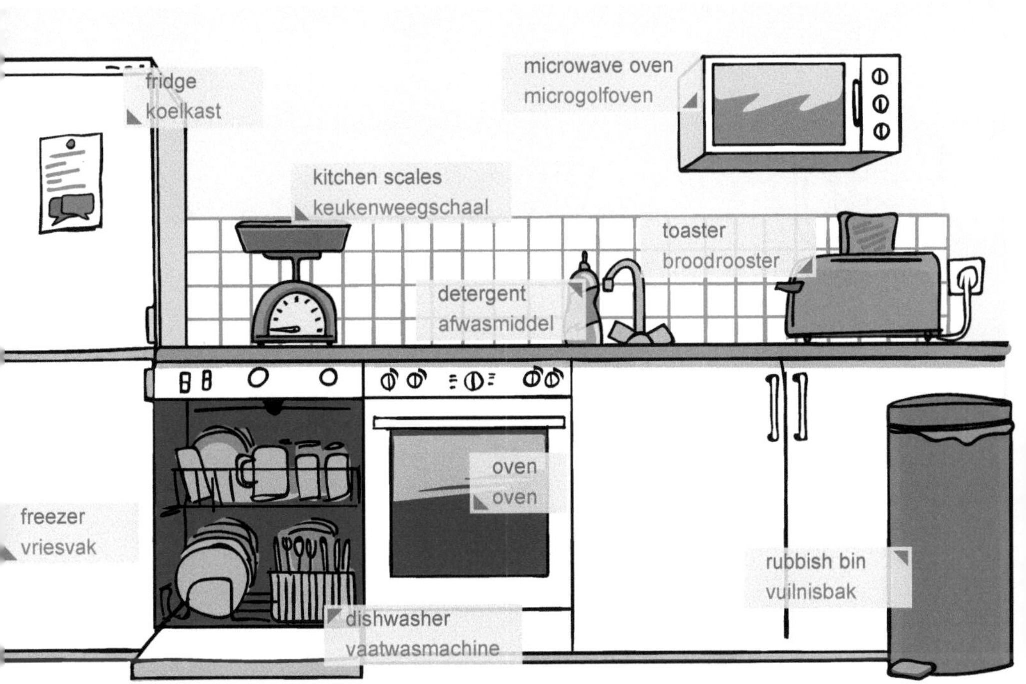

fridge
koelkast

microwave oven
microgolfoven

kitchen scales
keukenweegschaal

toaster
broodrooster

detergent
afwasmiddel

oven
oven

freezer
vriesvak

rubbish bin
vuilnisbak

dishwasher
vaatwasmachine

cooker

fornuis

pot

pot

cast-iron pot

gietijzeren pot

wok / kadai

wok / kadai

pan

pan

kettle

waterkoker

steamer

stoomkoker

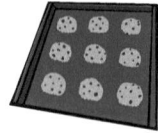

baking tray

bakplaat

crockery

servies

mug

mok

bowl

kom

chopsticks

eetstokjes

ladle

pollepel

spatula

spatel

whisk

garde

strainer

vergiet

sieve

zeef

grater

rasp

mortar

mortier

barbecue

barbecue

open fire

haardvuur

kitchen - keuken

chopping board
snijplank

rolling pin
deegrol

corkscrew
kurkentrekker

can
blik

can opener
blikopener

pot holder
pannenlap

sink
gootsteen

brush
borstel

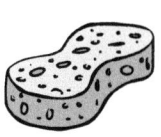

sponge
spons

blender
blender

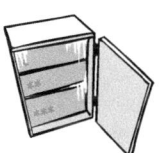

deep freezer
vriezer

baby bottle
papfles

tap
kraan

# bathroom
## badkamer

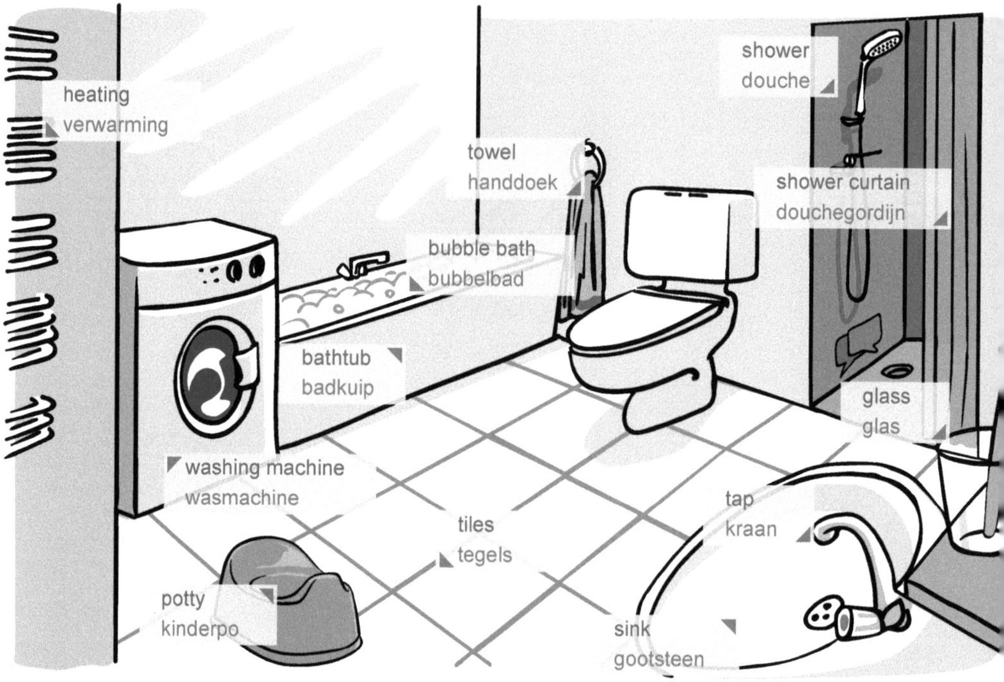

heating
verwarming

shower
douche

towel
handdoek

shower curtain
douchegordijn

bubble bath
bubbelbad

bathtub
badkuip

glass
glas

washing machine
wasmachine

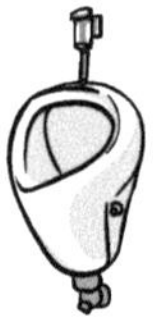

tiles
tegels

tap
kraan

potty
kinderpo

sink
gootsteen

| | | |
|---|---|---|
| toilet | squat toilet | bidet |
| toilet | hurktoilet | bidet |
| urinal | toilet paper | toilet brush |
| urinoir | toiletpapier | toiletborstel |

toothbrush

tandenborstel

toothpaste

tandpasta

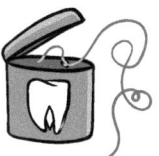

dental floss

flosdraad

wash

wassen

handheld shower

handdouche

douche

bidethanddouche

basin

waskom

back brush

rugborstel

soap

zeep

shower gel

douchegel

shampoo

shampoo

flannel

washandje

drain

afvoer

cream

crème

deodorant

deodorant

mirror

spiegel

hand mirror

handspiegel

razor

scheermes

shaving foam

scheerschuim

aftershave

aftershave

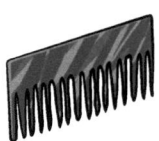

comb

kam

brush

borstel

hair dryer

haardroger

hairspray

haarlak

makeup

make-up

lipstick

lippenstift

nail varnish

nagellak

cotton wool

watten

nail scissors

nagelknipper

perfume

parfum

washbag

toilettas

stool

kruk

weighing scale

weegschaal

bathrobe

badjas

rubber gloves

latex handschoenen

tampon

tampon

sanitary towel

maandverband

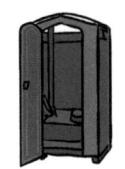

chemical toilet

chemisch toilet

# child's room
# kinderkamer

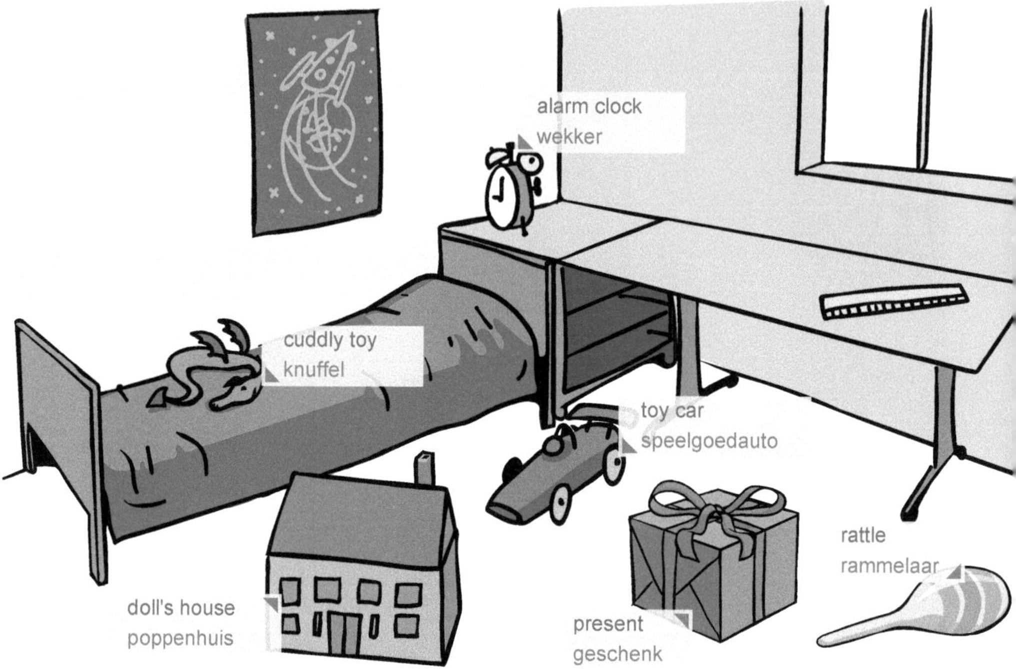
alarm clock
wekker
cuddly toy
knuffel
toy car
speelgoedauto
rattle
rammelaar
doll's house
poppenhuis
present
geschenk

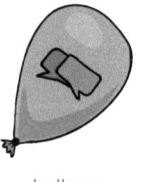

balloon

ballon

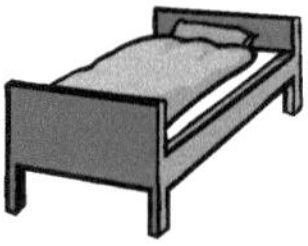

bed

bed

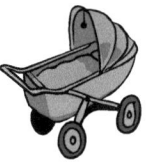

pram

kinderwagen

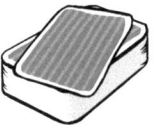

deck of cards

spel kaarten

jigsaw

puzzel

SUPER
MEGA

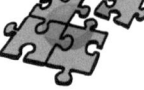

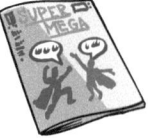

comic

stripboek

lego bricks

legoblokjes

building blocks

blokken

action figure

actiefiguur

romper suit

kruippakje

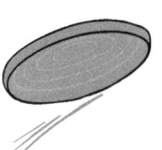

Frisbee

frisbee

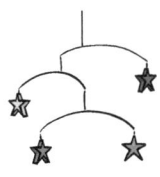

mobile

mobiel

board game

bordspel

dice

dobbelsteen

model train set

modelspoorweg

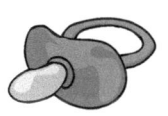

dummy

fopspeen

party

feest

picture book

prentenboek

ball

bal

doll

pop

play

spelen

sandpit
zandbak

swing
schommel

toys
speelgoed

video game console
spelconsole

tricycle
driewieler

teddy bear
knuffelbeer

wardrobe
kleerkast

## clothing
## kleding

socks
sokken

stockings
kousen

tights
maillot

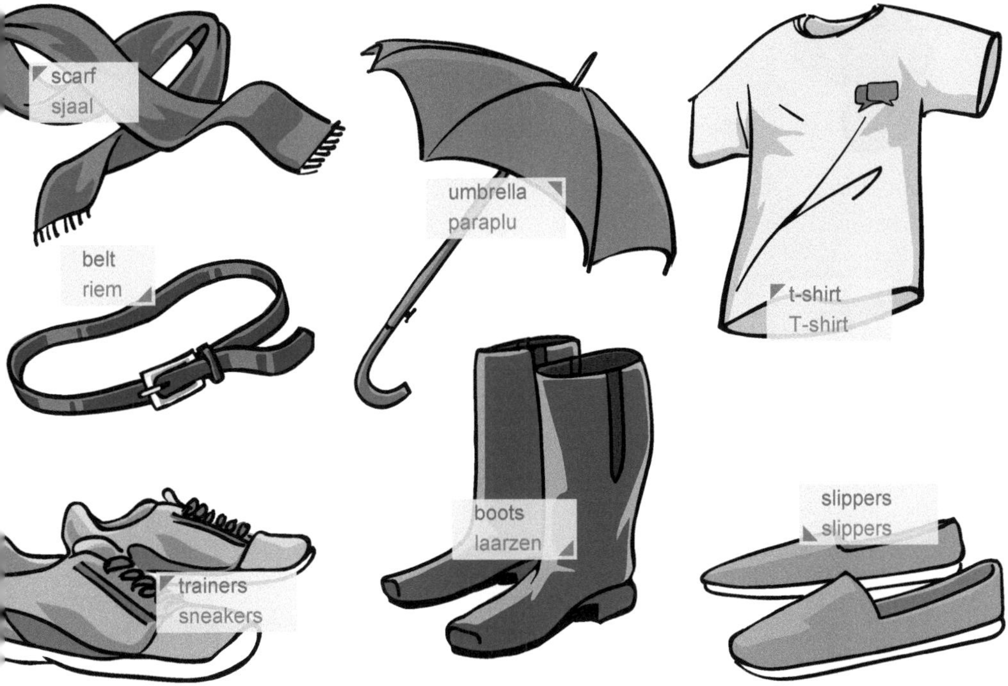

scarf
sjaal

belt
riem

umbrella
paraplu

t-shirt
T-shirt

trainers
sneakers

boots
laarzen

slippers
slippers

sandals
sandalen

shoes
schoenen

rubber boots
rubberlaarzen

underpants
onderbroek

bra
beha

vest
onderhemd

body

lichaam

trousers

broek

jeans

jeans

skirt

rok

blouse

blouse

shirt

hemd

pullover

trui

hoodie

capuchontrui

blazer

blazer

jacket

jas

coat

jas

raincoat

regenjas

costume

kostuum

dress

jurk

wedding dress

trouwjurk

suit

pak

nightgown

nachthemd

pyjamas

pyjama

sari

sari

headscarf

hoofddoek

turban

tulband

burqa

boerka

kaftan

kaftan

abaya

abaya

swimsuit

badpak

trunks

zwembroek

shorts

short

tracksuit

trainingspak

apron

schort

gloves

handschoenen

button

knoop

glasses

bril

bracelet

armband

necklace

ketting

ring

ring

earring

oorbel

cap

pet

coat hanger

kapstok

hat

hoed

tie

das

zipper

rits

helmet

helm

braces

bretellen

school uniform

schooluniform

uniform

uniform

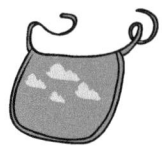

bib

slabbetje

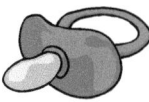

dummy

fopspeen

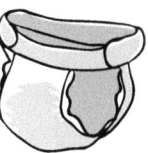

nappy

luier

# office

# kantoor

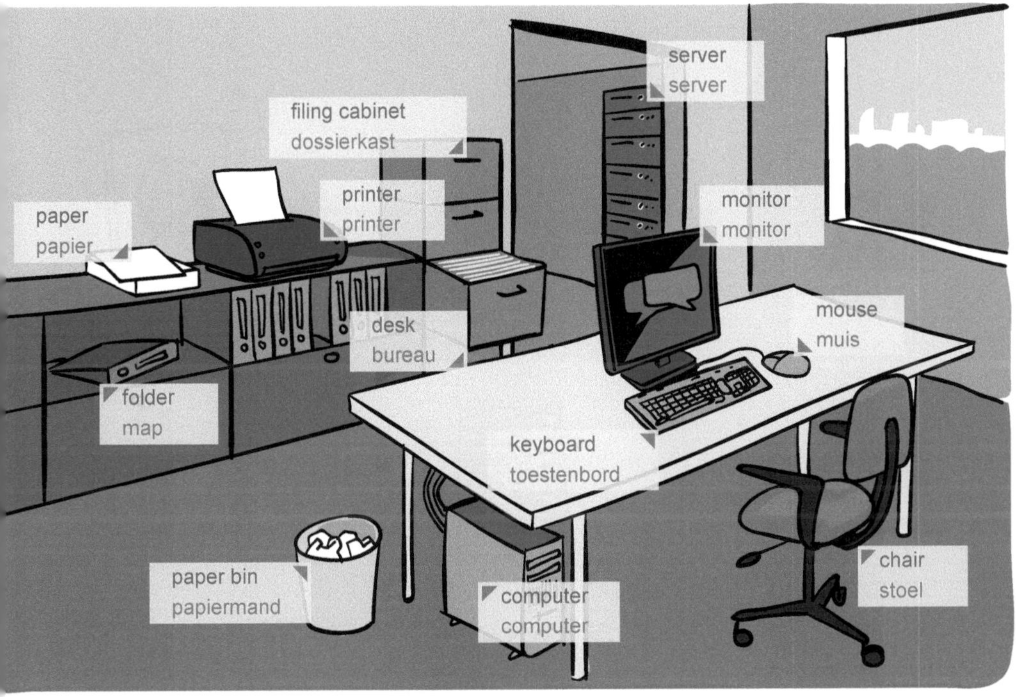

server
server
filing cabinet
dossierkast
paper
papier
printer
printer
monitor
monitor
mouse
muis
desk
bureau
folder
map
keyboard
toestenbord
paper bin
papiermand
computer
computer
chair
stoel


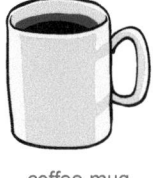

coffee mug

koffiemok

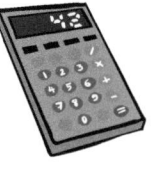

calculator

rekenmachine

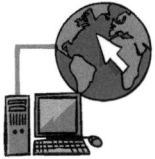

internet

internet

laptop
laptop

letter
brief

message
bericht

mobile
gsm

network
netwerk

photocopier
kopieerapparaat

software
software

telephone
telefoon

plug socket
stopcontact

fax machine
fax

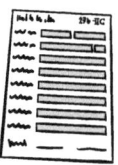

form
formulier

document
document

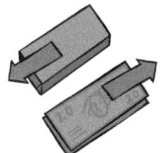

buy

kopen

pay

betalen

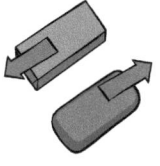

trade

handelen

money

geld

 **USD**

dollar

dollar

 **EUR**

euro

euro

 **JPY**

yen

yen

 **RUB**

rouble

roebel

 **CHF**

Swiss franc

Zwitserse frank

 **CNY**

renminbi yuan

Chinese renminbi

 **INR**

rupee

roepie

cashpoint

geldautomaat

bureau de change

wisselkantoor

gold

goud

silver

zilver

oil

olie

energy

energie

price

prijs

contract

contract

tax

belasting

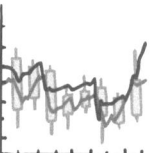

stock

aandeel

work

werken

employee

werknemer

employer

werkgever

factory

fabriek

shop

winkel

economy - economie

# occupations
## beroepen

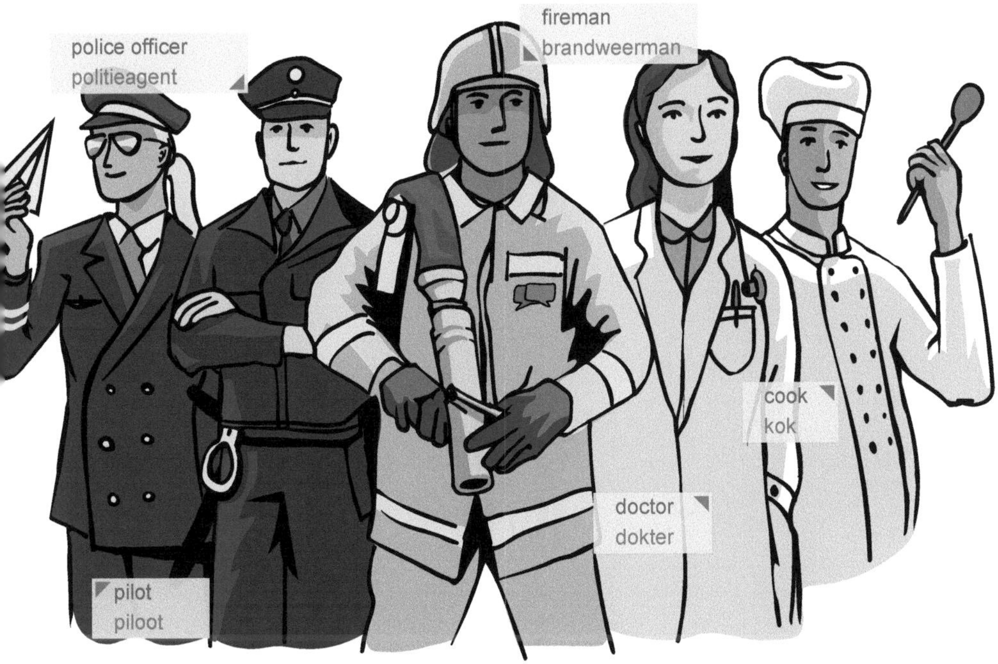

police officer
politieagent
fireman
brandweerman
cook
kok
doctor
dokter
pilot
piloot


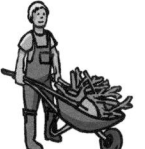

gardener

tuinman

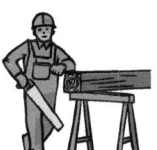

carpenter

timmerman

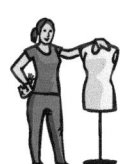

seamstress

naaister

judge

rechter

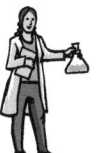

chemist

chemicus

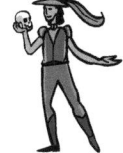

actor

acteur

bus driver

buschauffeur

taxi driver

taxichauffeur

fisherman

visser

cleaning lady

schoonmaakster

roofer

dakdekker

waiter

ober

hunter

jager

painter

schilder

baker

bakker

electrician

elektricien

builder

bouwvakker

engineer

ingenieur

butcher

slager

plumber

loodgieter

postman

postbode

soldier

soldaat

architect

architect

cashier

kassier

florist

bloemist

hairdresser

kapper

conductor

conducteur

mechanic

mecanicien

captain

kapitein

dentist

tandarts

scientist

wetenschapper

rabbi

rabbijn

imam

imam

monk

monnik

clergyman

geestelijke

# tools
# werktuigen

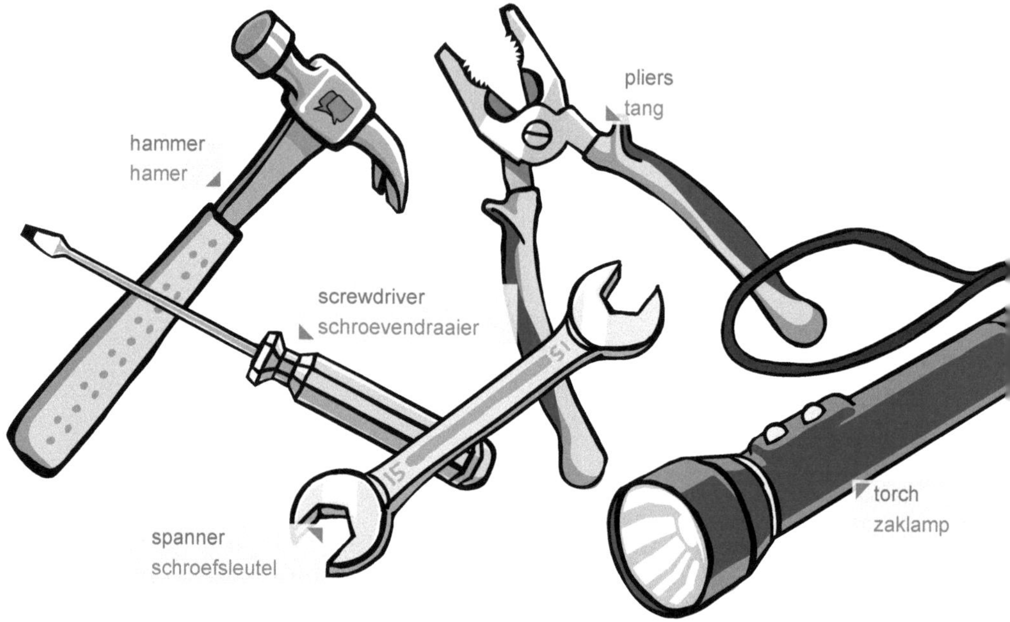
pliers
tang
hammer
hamer
screwdriver
schroevendraaier
torch
zaklamp
spanner
schroefsleutel

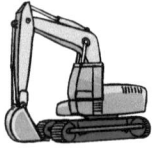

digger

graafmachine

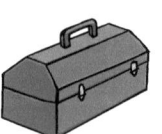

toolbox

gereedschapskoffer

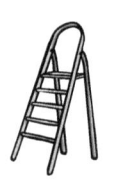

ladder

ladder

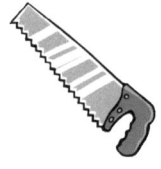

saw

zaag

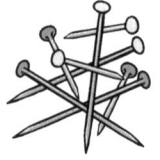

nails

spijkers

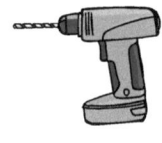

drill

boormachine

repair
..................
repareren

shovel
..................
schop

Damn!
..................
Verdomme!

dustpan
..................
blik

paint pot
..................
verfpot

screws
..................
schroeven

## musical instruments
## muziekinstrumenten

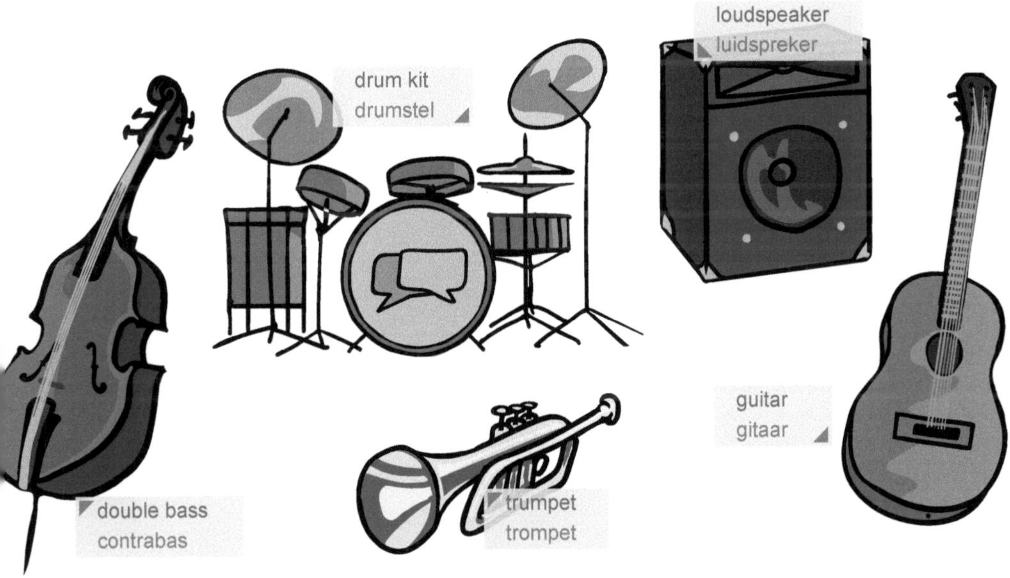

loudspeaker
luidspreker

drum kit
drumstel

guitar
gitaar

double bass
contrabas

trumpet
trompet

piano

piano

violin

viool

bass

basgitaar

timpani

pauk

drums

trommels

keyboard

keyboard

saxophone

saxofoon

flute

fluit

microphone

microfoon

ZOO

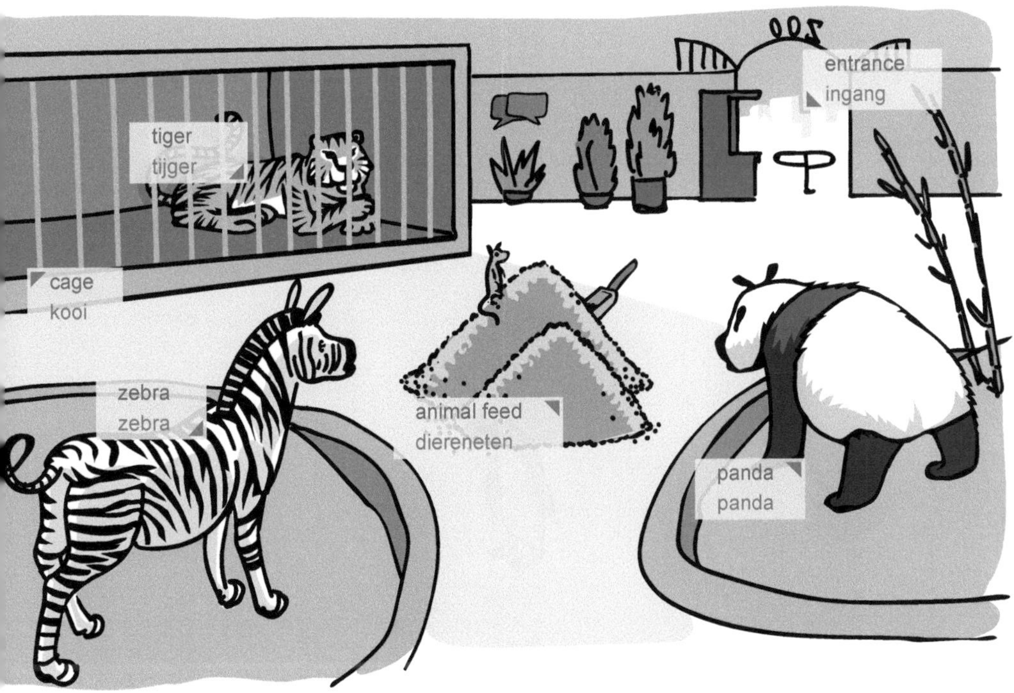
zoo
entrance
ingang
tiger
tijger
cage
kooi
zebra
zebra
animal feed
diereneten
panda
panda

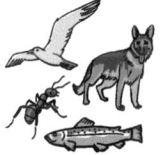

animals
dieren

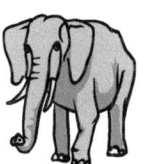

elephant
olifant

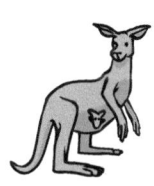

kangaroo
kangoeroe

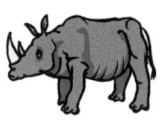

rhino
neushoorn

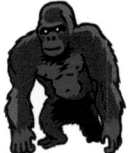

gorilla
gorilla

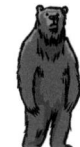

bear
beer

camel
kameel

ostrich
struisvogel

lion
leeuw

monkey
aap

flamingo
flamingo

parrot
papegaai

polar bear
ijsbeer

penguin
pinguïn

shark
haai

peacock
pauw

snake
slang

crocodile
krokodil

zookeeper
dierenverzorger

seal
zeehond

jaguar
jaguar

zoo - zoo

pony
pony

leopard
luipaard

hippo
nijlpaard

giraffe
giraffe

eagle
adelaar

boar
wild zwijn

fish
vis

turtle
zeeschildpad

walrus
walrus

fox
vos

gazelle
gazelle

American football
rugby

cycling
wielrennen

tennis
tennis

basketball
basketbal

swimming
zwemmen

boxing
boksen

ice hockey
ijshockey

football
voetbal

badminton
badminton

athletics
atletiek

handball
handbal

skiing
skiën

polo
polo

# activities
# activiteiten

laugh
lachen
jump
springen
hug
knuffelen
walk
wandelen
sing
zingen
dream
dromen
pray
bidden
kiss
kussen

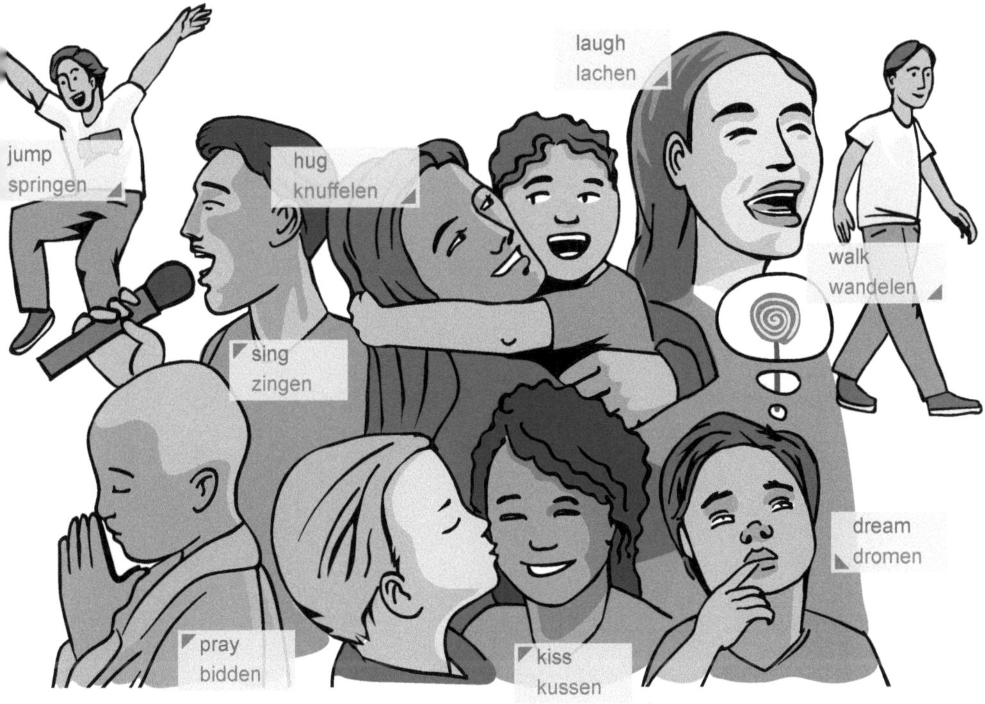

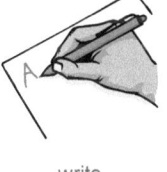

write
schrijven

draw
tekenen

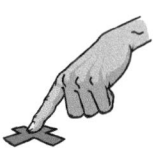

show
tonen

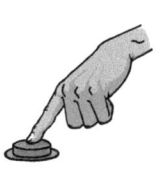

push
duwen

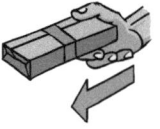

give
geven

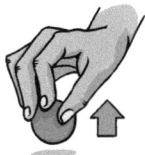

take
nemen

have

hebben

do

doen

be

zijn

stand

staan

run

lopen

pull

trekken

throw

gooien

fall

vallen

lie

liggen

wait

wachten

carry

dragen

sit

zitten

get dressed

aankleden

sleep

slapen

wake up

ontwaken

look at

kijken naar

cry

wenen

stroke

aaien

comb

kammen

talk

praten

understand

begrijpen

ask

vragen

listen

luisteren

drink

drinken

eat

eten

tidy up

opruimen

love

houden van

cook

koken

drive

rijden

fly

vliegen

sail

zeilen

calculate

rekenen

read

Lezen

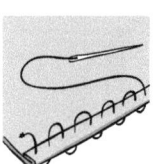

learn

leren

work

werken

marry

trouwen

sew

naaien

brush teeth

tandenpoetsen

kill

doden

smoke

roken

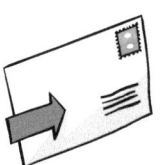

send

sturen

activities - activiteiten

# family
# familie

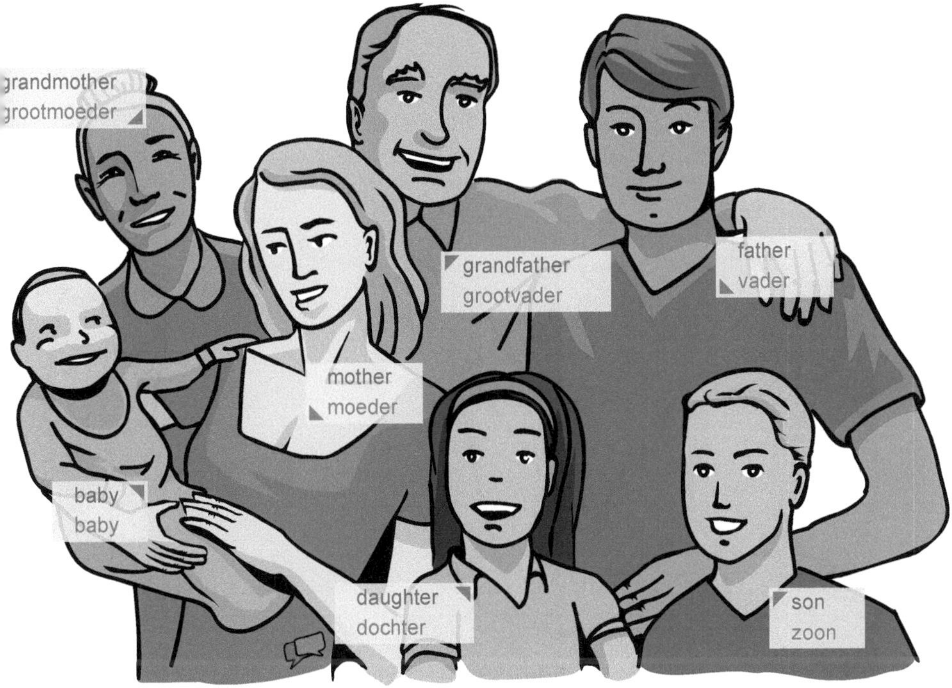

grandmother
grootmoeder
grandfather
grootvader
father
vader
mother
moeder
baby
baby
daughter
dochter
son
zoon


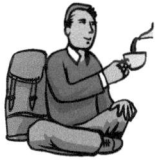

guest
gast

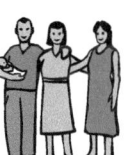

aunt
tante

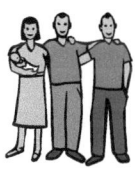

uncle
oom

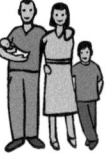

brother
broer

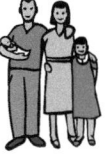

sister
zus

# body

# lichaam

forehead
voorhoofd
eye
oog
shoulder
schouder
finger
vinger
face
gezicht
chin
kin
hand
hand
breast
borst
leg
been
arm
arm

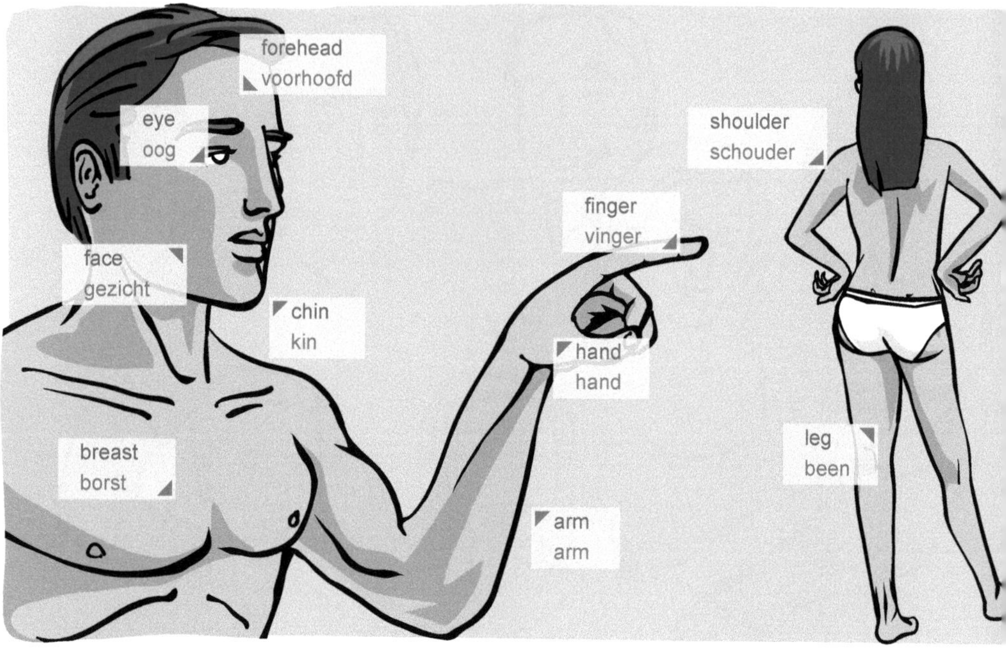

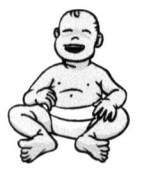

baby
baby

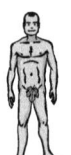

man
man

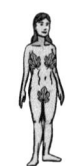

woman
vrouw

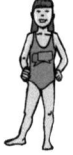

girl
meisje

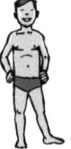

boy
jongen

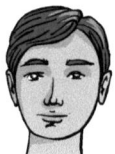

head
hoofd

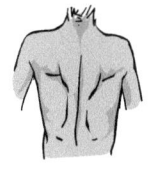

back
rug

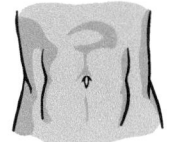

belly
buik

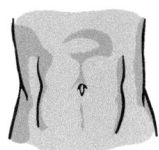

belly button
navel

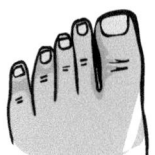

toe
teen

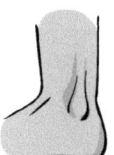

heel
hiel

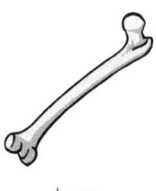

bone
bot

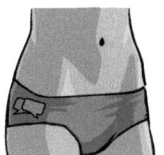

hip
heup

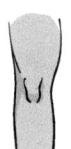

knee
knie

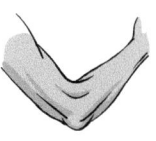

elbow
elleboog

nose
neus

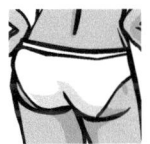

bottom
zitvlak

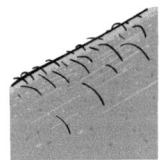

skin
huid

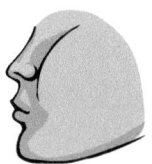

cheek
wang

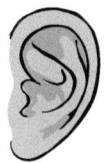

ear
oor

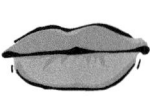

lip
lip

body - lichaam

mouth

mond

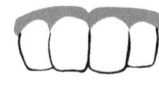

tooth

tand

tongue

tong

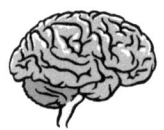

brain

hersenen

heart

hart

muscle

spier

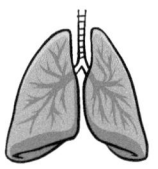

lung

long

liver

lever

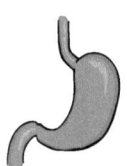

stomach

maag

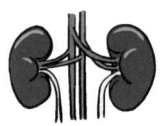

kidneys

nieren

sex

seks

condom

condoom

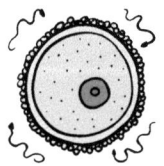

ovum

eicel

semen

sperma

pregnancy

zwangerschap

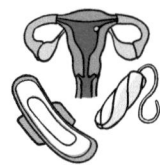

menstruation

menstruatie

vagina

vagina

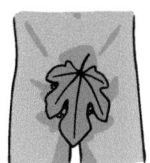

penis

penis

eyebrow

wenkbrauw

hair

haar

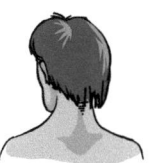

neck

nek

# hospital
# ziekenhuis

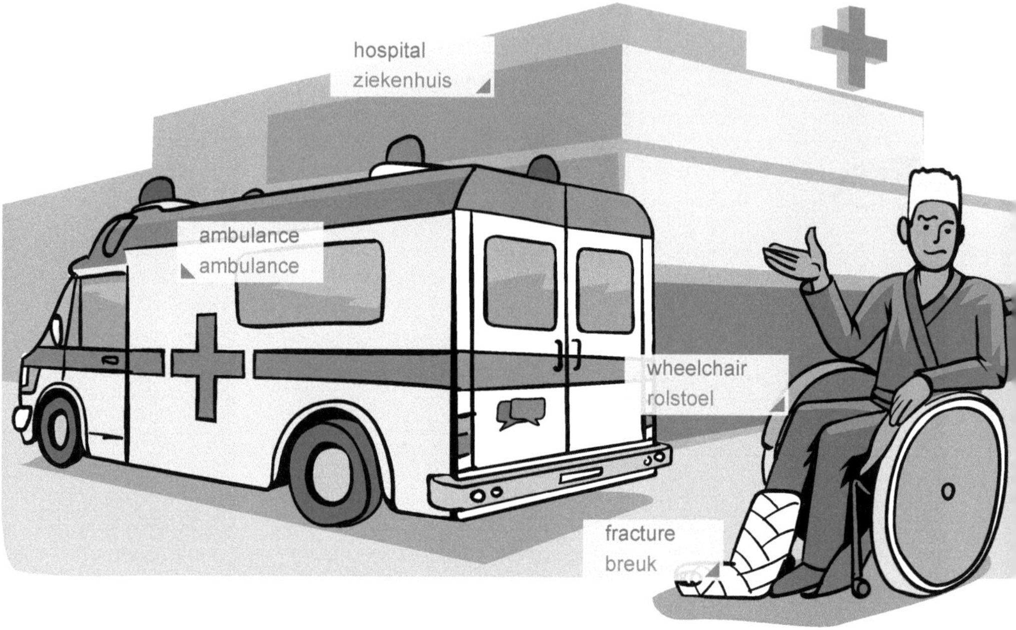

hospital
ziekenhuis
ambulance
ambulance
wheelchair
rolstoel
fracture
breuk

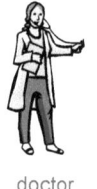

doctor
dokter

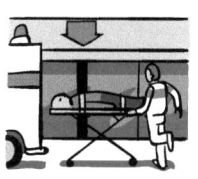

emergency room
spoed

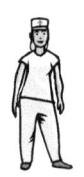

nurse
verpleegkundige

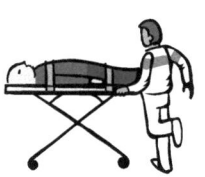

emergency
noodgeval

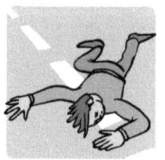

unconscious
bewusteloos

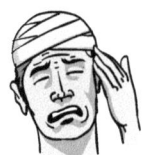

pain
pijn

injury

verwonding

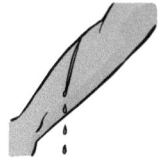

bleeding

bloeding

heart attack

hartaanval

stroke

beroerte

allergy

allergie

cough

hoest

fever

koorts

flu

griep

diarrhoea

diarree

headache

hoofdpijn

cancer

kanker

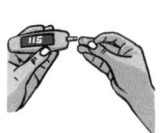

diabetes

diabetes

surgeon

chirurg

scalpel

scalpel

operation

operatie

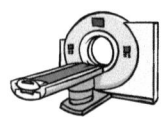

CT

CT

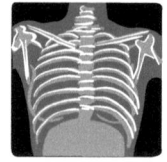

x-ray

röntgenstraal

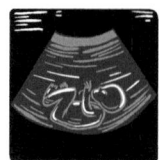

ultrasound

ultrageluid

face mask

gezichtsmasker

disease

ziekte

waiting room

wachtkamer

crutch

kruk

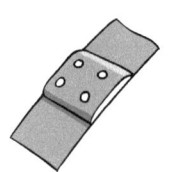

plaster

pleister

bandage

verband

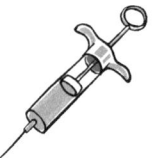

injection

injectie

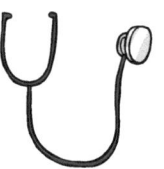

stethoscope

stethoscoop

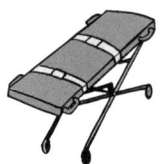

stretcher

brancard

clinical thermometer

thermometer

birth

geboorte

overweight

overgewicht

hearing aid

hoorapparaat

disinfectant

ontsmettingsmiddel

infection

infectie

virus

virus

HIV / AIDS

HIV / AIDS

medicine

medicijn

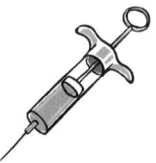

vaccination

vaccinatie

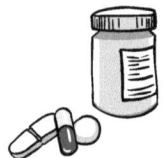

tablets

tabletten

pill

pil

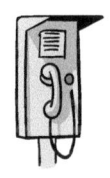

emergency call

noodoproep

blood pressure monitor

bloeddrukmeter

sick / healthy

ziek / gezond

| | | |
|---|---|---|
| |  |  |
| Help! | alarm | assault |
| Help! | alarm | overval |
| 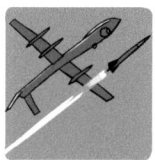 |  |  |
| attack | danger | emergency exit |
| aanval | gevaar | nooduitgang |
| |  |  |
| Fire! | fire extinguisher | accident |
| Brand! | brandblusser | ongeval |
| 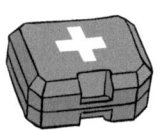 |  |  |
| first-aid kit | SOS | police |
| EHBO-kit | SOS | politie |

Europe

Europa

North America

Noord-Amerika

South America

Zuid-Amerika

Africa

Afrika

Asia

Azië

Australia

Australië

Atlantic

Atlantische Oceaan

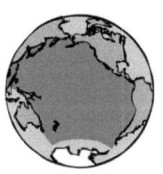

Pacific

Stille Oceaan

Indian Ocean

Indische Oceaan

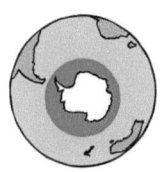

Antarctic Ocean

Antarctische Oceaan

Arctic Ocean

Arctische Oceaan

North Pole

Noordpool

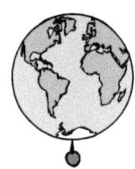

South Pole
Zuidpool

Antarctica
Antarctica

Earth
aarde

land
land

sea
zee

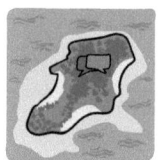

island
eiland

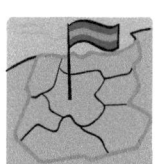

nation
natie

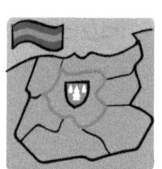

state
staat

clock face

wijzerplaat

hour hand

uurwijzer

minute hand

minuutwijzer

second hand

secondewijzer

What time is it?

Hoe laat is het?

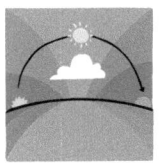

day

dag

time

tijd

now

nu

digital watch

digitale horloge

minute

minuut

hour

uur

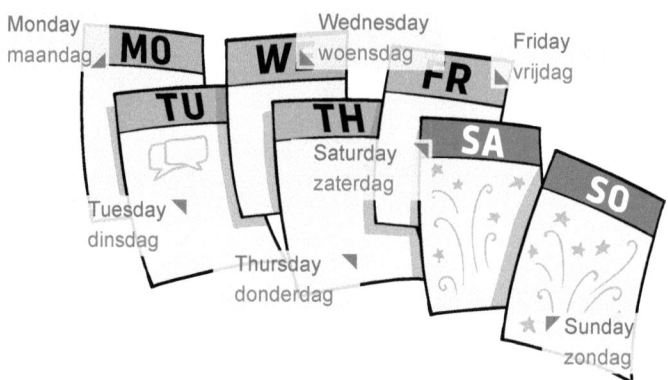

Monday
maandag
Wednesday
woensdag
Friday
vrijdag
Tuesday
dinsdag
Saturday
zaterdag
Thursday
donderdag
Sunday
zondag

yesterday

gisteren

today

vandaag

tomorrow

morgen

morning

ochtend

noon

middag

evening

avond

business days

werkdagen

weekend

weekend

# year
# jaar

rain
regen
rainbow
regenboog
wind
wind
snow
sneeuw
spring
lente
summer
zomer
autumn
herfst
winter
winter

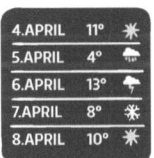

4.APRIL 11°
5.APRIL 4°
6.APRIL 13°
7.APRIL 8°
8.APRIL 10°

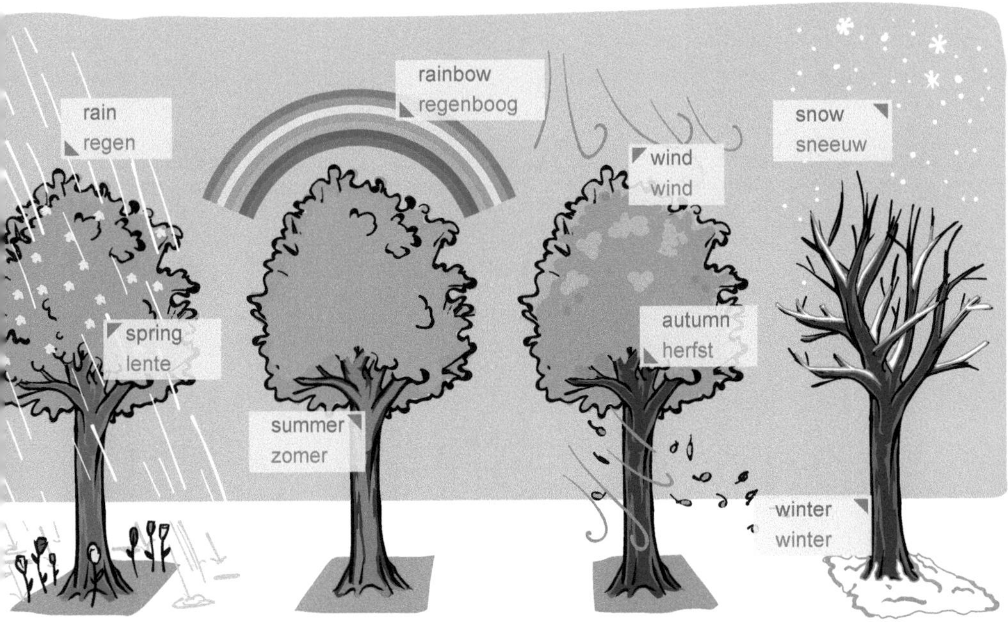

weather forecast

weervoorspelling

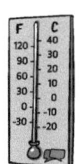

thermometer

thermometer

sunshine

zonneschijn

cloud

wolk

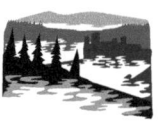

fog

mist

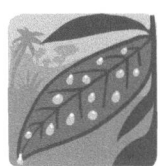

humidity

vochtigheid

lightning

bliksem

thunder

donder

storm

storm

hail

hagel

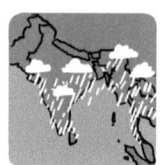

monsoon

moesson

flood

overstroming

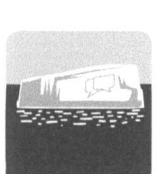

ice

ijs

January

januari

February

februari

March

maart

April

april

May

mei

June

juni

July

juli

August

augustus

year - jaar

September
...............
september

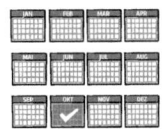

October
...............
oktober

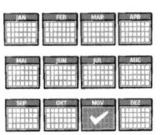

November
...............
november

December
...............
december

## shapes
## vormen

circle
...............
cirkel

square
...............
kwadraat

rectangle
...............
rechthoek

triangle
...............
driehoek

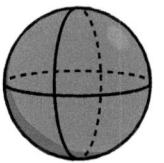

sphere
...............
bol

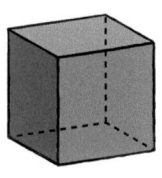

cube
...............
kubus

white
····················
wit

yellow
····················
geel

orange
····················
oranje

pink
····················
roze

red
····················
rood

purple
····················
paars

blue
····················
blauw

green
····················
groen

brown
····················
bruin

grey
····················
grijs

black
····················
zwart

a lot / a little

veel / weinig

angry / calm

boos / kalm

beautiful / ugly

mooi / lelijk

beginning / end

begin / einde

big / small

groot / klein

bright / dark

licht / donker

brother / sister

broer / zus

clean / dirty

proper / vuil

complete / incomplete

volledig / onvolledig

day / night

dag / nacht

dead / alive

dood / levend

wide / narrow

breed / smal

**edible / inedible**

eetbaar / oneetbaar

**evil / nice**

kwaadaardig / vriendelijk

**excited / bored**

opgewonden / verveeld

**fat / thin**

dik / dun

**first / last**

eerst / laatst

**friend / enemy**

vriend / vijand

**full / empty**

vol / leeg

**hard / soft**

hard / zacht

**heavy / light**

zwaar / licht

**hunger / thirst**

honger / dorst

**sick / healthy**

ziek / gezond

**illegal / legal**

illegaal / legaal

**intelligent / stupid**

intelligent / dom

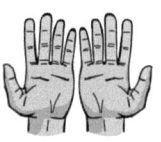

**left / right**

links / rechts

**near / far**

dichtbij / veraf

new / used

nieuw / gebruikt

nothing / something

niets / iets

old / young

oud / jong

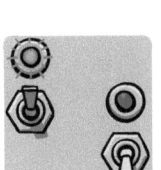

on / off

aan / uit

open / closed

open / dicht

quiet / loud

stil / luid

rich / poor

rijk / arm

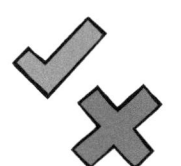

right / wrong

juist / fout

rough / smooth

ruw / glad

sad / happy

droevig / blij

short / long

kort / lang

slow / fast

traag / snel

wet / dry

nat / droog

warm / cool

warm / koud

war / peace

oorlog / vrede

**0**

zero

nul

**1**

one

één

**2**

two

twee

**3**

three

drie

**4**

four

vier

**5**

five

vijf

**6**

six

zes

**7**

seven

zeven

**8**

eight

acht

**9**

nine

negen

**10**

ten

tien

**11**

eleven

elf

**12**

twelve

twaalf

**13**

thirteen

dertien

**14**

fourteen

veertien

**15**

fifteen

vijftien

**16**

sixteen

zestien

**17**

seventeen

zeventien

**18**

eighteen

achtien

**19**

nineteen

negentien

**20**

twenty

twintig

**100**

hundred

honderd

**1.000**

thousand

duizend

**1.000.000**

million

miljoen

numbers - cijfers

## Talen

English
................
Engels

American English
................
Amerikaans Engels

Mandarin Chinese
................
Chinees (Mandarijn)

Hindi
................
Hindi

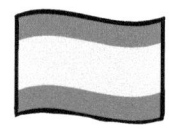

Spanish
................
Spaans

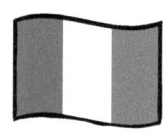

French
................
Frans

Arabic
................
Arabisch

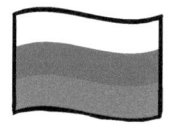

Russian
................
Russisch

Portuguese
................
Portugees

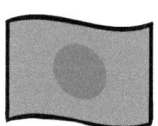

Bengali
................
Bengali

German
................
Duits

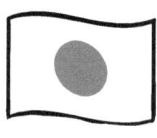

Japanese
................
Japans

I
ik

you
u

he / she / it
hij / zij / het

we
wij

you
u

they
ze

who?
wie?

what?
wat?

how?
hoe?

where?
waar?

when?
wanneer?

name
naam

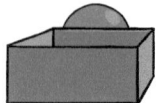

behind

achter

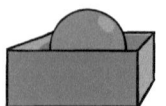

in

in

in front of

voor

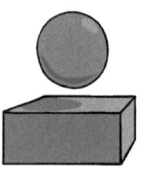

over

boven

on

op

under

onder

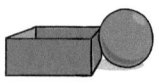

beside

naast

between

tussen

place

plaats